V

PUBLICATIONS DE LA RÉUNION DES OFFICIERS

MÉLANGES MILITAIRES
(2ᵉ SÉRIE)
XVI

DES BIBLIOTHÈQUES

ET

LECTURES EN COMMUN

DANS LES CASERNES

POUR LES SOUS-OFFICIERS ET SOLDATS

PAR

LE COLONEL E. B.

PARIS

CH. TANERA, ÉDITEUR

LIBRAIRIE POUR L'ART MILITAIRE ET LES SCIENCES
Rue de Savoie, 6

1873

DES BIBLIOTHÈQUES

ET

LECTURES EN COMMUN

DANS LES CASERNES

PUBLICATION DE LA RÉUNION DES OFFICIERS

DES BIBLIOTHÈQUES

ET

LECTURES EN COMMUN

DANS LES CASERNES

POUR LES SOUS-OFFICIERS ET SOLDATS

PAR

LE COLONEL E. B.

PARIS

CH. TANERA, ÉDITEUR

LIBRAIRIE POUR L'ART MILITAIRE ET LES SCIENCES

Rue de Savoie, 6

1873

DES BIBLIOTHÈQUES

ET

LECTURES EN COMMUN

DANS LES CASERNES (1)

1° *Salles de lecture; lectures en commun.* — L'essai des salles de lecture dans les casernes n'est pas nouveau : en 1841, nous eûmes l'idée d'en établir une dans la salle des écoles du *** bataillon de chasseurs à pied, à Strasbourg.

Outre les livres que nous mettions à la disposition des militaires du bataillon, qui venaient les lire dans la salle des écoles, nous faisions des lectures à haute voix sur des sujets d'histoire, de voyages, de morale, d'éducation, de sciences usuelles, etc., pris dans des ouvrages élémentaires que nous développions toutes les fois que nous trouvions l'occasion d'intéresser et d'instruire notre auditoire.

S'il s'agissait d'histoire, nous interrompions notre lecture pour donner quelques explications complémentaires. Au moyen des relations de voyages, toujours si attrayantes, nous enseignions la géographie physique et politique. La morale en action était très-goûtée, parce que nous cherchions à faire ressortir en peu de mots les conséquences du bien et du mal. Le petit opuscule intitulé *la Civilité puérile et*

---

(1) Des bibliothèques de régiments existaient avant 89 ; nous avons eu entre les mains un ouvrage qui portait l'estampille d'un régiment provincial (Picardie ou Normandie).

honnête, alors en usage dans les écoles, nous suffisait pour faire comprendre à nos soldats les avantages d'une bonne éducation relative, au moyen de laquelle on parvient à vivre en commun à l'abri des froissements qui résultent le plus souvent de l'égoïsme (1).

En une soirée, nous avions plus profondément agi sur l'esprit de notre auditoire que ne le font ordinairement les sèches lectures hebdomadaires du code pénal, parce que nous y ajoutions des réflexions propres à éclairer. Il en était de même de toute autre chose, ce qui faisait que nous trouvions des sujets utiles dans toute espèce de texte.

Les lectures avaient lieu deux et trois fois par semaine pendant les longues soirées d'automne et d'hiver, seules époques de l'année favorables à cet objet.

Les séances étaient de deux heures : une heure avant l'appel et une heure après. Une demi-heure prise, soit au commencement, soit à la fin de la séance, était employée à des entretiens sur des sujets plus ou moins abstraits et par conséquent moins attrayants que d'autres.

Le chauffage et l'éclairage n'exigeaient que peu de frais; les allocations réglementaires suffisaient généralement.

La tenue était celle que les hommes portent habituellement le soir quand ils sortent de leur chambre, et que les besoins de l'hygiène seuls leur commandent.

Les soldats du bataillon trouvaient gratuitement, dans la salle des écoles, tout ce qui était nécessaire à leur correspondance, sous la surveillance d'un moniteur de service, qui les guidait au besoin dans leurs rédactions. L'échange du vieux papier pourvoyait aux frais qui résultaient de cette mesure.

---

(1) Ce sont ces soirées instructives qui nous donnèrent, plus tard l'idée d'écrire les *Entretiens de Pierre Giberne sur les devoirs moraux du soldat.*

En outre, nous avions fait attacher comme moniteur aux écoles, un jeune engagé volontaire qui avait fait une partie de ses études de droit, et qui donnait gratuitement ses conseils à ceux de ses camarades qui en avaient besoin.

Quoique nous n'ayons pu diriger cette œuvre que fort peu de temps, nous avons pu nous convaincre que les résultats étaient déjà satisfaisants. Malheureusement, elle eut le même sort que toutes celles qui, n'étant dues qu'à l'initiative de quelques-uns, tombent aussitôt que ces derniers ne sont plus là pour les soutenir.

2° *Cercles et bibliothèques de sous-officiers.* — En 1858, nous fûmes chargés d'organiser le cercle des sous-officiers du ***.

Le but qu'on se proposait était de soustraire les sous-officiers aux influences pernicieuses de la capitale, de les arracher à cette vie d'estaminet, source ordinaire de dissipation, de dettes et par conséquent de désordres; de les relever à leurs propres yeux en leur faisant comprendre que leur grade, si humble qu'il soit, n'est pas dépourvu d'un certain degré de dignité qu'il leur appartient d'entretenir, de conserver, d'élever même.

Il y avait dans cette mesure des avantages sans doute; mais plus grands au point de vue matériel qu'au point de vue moral. Aussi ne s'aperçut-on que tard des inconvénients qui devaient en résulter.

En effet, tous les sous-officiers ne vont pas au café; quelques-uns, et le nombre en est plus grand qu'on ne pense, se retirent de bonne heure au quartier, où ils se réunissent par groupes après l'appel, pour causer, lire ou travailler, selon leurs goûts et leurs moyens; tandis qu'ayant dans l'intérieur de leur caserne un cercle ou un café dont ils ont plus facilement l'accès, puisqu'il leur appartient en quelque sorte, ils s'y réunissent tous, y consomment et dépensent.

Or ce qu'on a fait avec les meilleures intentions du monde n'a servi qu'à changer la forme des choses ; quant au fond, la situation est restée la même, si elle ne s'est pas aggravée. C'est-à-dire qu'on a restauré l'estaminet, tout en développant et en enracinant une habitude qu'il eût été plus sage de restreindre (1).

Nous avions bien annexé une bonne bibliothèque au cercle ; mais, nous le disons avec regret, la salle des consommations était bien plus fréquentée que la salle de lecture.

D'où nous concluons qu'il est prudent de s'en tenir purement et simplement à une bibliothèque, où le sous-officier intelligent et studieux pourra trouver des moyens de distraction et d'instruction qui l'éloigneront plus sûrement des plaisirs auxquels son humble condition ne lui permet pas toujours de se livrer sans qu'il en coûte à sa réputation et à son avenir.

Une salle est facile à trouver dans un casernement ; qu'elle soit bien aérée pendant l'été, chauffée et éclairée pendant l'hiver ; qu'il s'y trouve une bibliothèque suffisamment garnie ; il n'en faut pas davantage pour y attirer les jeunes gens, qui, aujourd'hui, sont plus disposés à l'étude qu'autrefois. Quant à la composition de la bibliothèque et à son entretien, la dépense ne serait pas aussi considérable qu'on pourrait se l'imaginer, et d'ailleurs les moyens peuvent être combinés de façon à ne pas grever le trésor. Nous croyons qu'on pourrait à peu de frais arriver à une situation satisfaisante. La première dépense pourrait être supportée par les masses générales d'entretien, en attendant que l'État soit en mesure d'y pourvoir plus largement à son tour ; en outre, les bibliothèques d'officiers, qui doivent être absolument distinctes de celles des sous-officiers, peuvent venir en aide à ces der-

(1) Il eût suffi de supprimer l'estaminet.   (*N. de la R.*)

nières, soit par des dons, soit eu leur prêtant quelques ouvrages ainsi que nous le faisions au ***.

3º *Bibliothèque des soldats.* — Grâce au zèle bien connu de MM. ***, à leur dévouement et à leurs libéralités, la bibliothèque des soldats du *** fut abondamment pourvue ; cependant les résultats de cette bonne œuvre ne furent pas aussi satisfaisants qu'on s'y était attendu (1).

Il y a deux moyens de répandre les bienfaits de la lecture dans les masses : par la lecture isolée, par la lecture en commun.

La lecture isolée ou individuelle exige des milliers de volumes et par conséquent de très-grosses dépenses.

Le soldat est généralement peu soigneux ; ne pouvant d'ailleurs rien mettre sous clef (2), il lui est fort difficile de placer ce qu'il possède à l'abri de la curiosité et des indiscrétions. Un volume qui a passé de mains en mains pendant huit jours, qui a traîné sur les tables graisseuses de la chambrée ou du corps de garde est absolument hors de service. Nous l'avons constaté nous-même et nous ne croyons pas qu'il soit possible de suffire à tous les besoins dans de semblables conditions, quelles que soient les mesures qu'on prenne à cet égard.

La lecture en commun exige moins de frais assurément ; mais elle n'est pas toujours praticable. Ce qui ne peut déjà se faire sans peine pour un bataillon devient impossible pour un régiment ; car, si vastes que soient les locaux, il est des limites que la voix du lecteur ne peut franchir, à cause

(1) En ce moment, les dons des particuliers, des éditeurs et des sociétés abondent. Ils ont déjà suffi à créer des noyaux de bibliothèques de troupe dans près de cinquante régiments, depuis quelques mois seulement.   (*N. de la R.*)

(2) Voir le *Petit Bulletin du Soldat* pour les essais d'armoires dans les chambres d'un régiment d'artillerie.   (*N. de la R.*)

des conditions d'acoustique, qui font presque toujours défaut.

Il faudrait disposer de plusieurs salles, ce qui n'est pas toujours possible, ou limiter le nombre des auditeurs en raison des ressources locales. Dans ce dernier cas, on distribue des cartes d'entrée à tour de rôle, mais alors il faut s'astreindre à des lectures partielles, sans suite aucune ; autrement les uns n'entendraient que le commencement d'un sujet, tandis que les autres n'entendraient que le milieu ou la fin ; ou bien encore les sujets ne seront jamais communs qu'à un certain nombre, à moins qu'on ne les répète, ce qui nous semblerait être assez fastidieux pour le lecteur.

Il y a un autre moyen plus simple, quoique présentant encore quelques difficultés : c'est de faire des lectures en commun dans l'intérieur même des compagnies, escadrons ou batteries, soit isolément, soit à tour de rôle, soit en réunissant plusieurs subdivisions, selon les ressources locales.

Par ce moyen, il ne faudrait qu'un petit nombre de volumes ou des bibliothèques volantes alimentées par des bibliothèques centrales.

La première difficulté est celle de trouver des lecteurs intelligents et instruits, mais l'on peut en former ; il suffit qu'un officier se charge de réunir quelques sous-officiers ou soldats pour leur enseigner l'art de bien lire et d'expliquer. Il n'y a pas de raisons pour que d'autres ne puissent ce que nous avons fait nous-mêmes avec quelque succès.

Les autres difficultés résultent des ressources locales.

Dans les vieux édifices qui servent de casernes ou dans les casernements divisés en grandes salles, il est facile de réunir plusieurs subdivisions, en évitant toutefois les grandes agglomérations qui pourraient compromettre la solidité des édifices en même temps que la vie des hommes.

Dans les casernements divisés en petites chambrées, comme

à Courbevoie, à Rueil, etc., la lecture en commun ne peut plus se faire que dans la salle des écoles, dont la contenance est très-bornée.

Dans ce cas, il faut limiter le nombre des auditeurs. On divisera le corps occupant en six groupes, qui viendront à tour de rôle entendre la lecture en commun; de telle sorte qu'il n'y aura qu'une lecture par semaine pour chacun d'eux. C'est là un inconvénient sans doute, mais on conviendra qu'une lecture par semaine vaut encore mieux que de ne pas en avoir du tout. Elle vaut mieux encore que la lecture individuelle, parce que l'expérience nous a démontré qu'elle était la seule praticable.

4° *Écoles et bibliothèques dans les prisons militaires* — En 1850, le ministre de la guerre, voulant soustraire les détenus aux dangereux effets de l'oisiveté créée par l'emprisonnement, et à laquelle les prisonniers se trouvaient encore livrés depuis 1848, époque de la suppression des ateliers dans les prisons, résolut de leur donner les moyens de s'instruire et, par conséquent, de se réhabiliter plus facilement.

En conséquence, nous fûmes chargé d'organiser et de diriger les écoles de la prison militaire des Hauts-Murats, à Toulouse.

Il suffit de jeter un rapide coup d'œil sur l'un des rapports trimestriels de cette école pour se convaincre des bons résultats obtenus.

Il est vrai, que sauf les ressources matérielles, qui étaient fort restreintes, rien ne manquait aux détenus pour assurer leurs progrès, les stimuler, les encourager.

Les cours avaient lieu tous les jours ouvrables, pendant deux heures, en dehors des heures récréatives du préau.

Les détenus, n'ayant rien autre chose à faire, y étaient plus assidus que dans les régiments, où la multiplicité des services et l'encombrement ordinaire des tableaux de service journalier viennent paralyser les meilleures intentions.

Les moniteurs, pris parmi les détenus, étaient exempts des corvées de la prison.

Des réductions de peines étaient accordées chaque année, sur la proposition de l'officier directeur des écoles.

Mais ce qui contribua surtout aux succès obtenus, ce fut la bibliothèque que nous pûmes fonder, grâce au concours empressé de quelques habitants, des éditeurs et aussi de la Société des bons livres de la ville de Toulouse. Or, comme il n'était admis à la bibliothèque que des détenus sachant lire et écrire couramment, on comprend combien les illettrés apportaient de zèle et d'attention aux leçons; à tel point qu'on a pu constater que la plupart d'entre eux apprenaient à lire et à écrire en moins de trois mois.

D'après le rapport du quatrième trimestre 1850, nous comptions 64 séances de deux heures dans le trimestre; 162 du 6 mai, époque de l'ouverture des écoles, au 31 décembre.

Le nombre des détenus exercés pendant le quatrième trimestre a été de 61; il a été de 102 depuis le 6 mai.

Chaque élève a reçu en moyenne 20 leçons par mois, tandis que dans les corps de troupe cette moyenne est le plus souvent au-dessous de 10.

Le mouvement des classes a eu lieu ainsi qu'il suit :

18 élèves sont passés de la 1re à la 2e classe.
21   —   2e   3e   —
18   —   3e   4e   —
11   —   4e   5e   —
3   —   5e   6e   —

3 ont été admis aux cours du deuxième degré.

Sur le nombre des élèves exercés :

50 ne savaient rien ; 34 avaient reçu un commencement d'instruction ; 18 avaient fait quelques études, dont un était bachelier et un autre géomètre ; 34 ont appris à lire couramment ; 32 ont appris à écrire en fin ; 46 ont appris une ou plusieurs règles ; 15 ont été cités pendant le quatrième trimestre ; 45 ont été cités depuis le 6 mai ; 6 ont obtenu une réduction de peine ; aucune punition n'a été infligée aux élèves. 16 élèves ont été admis aux cours du deuxième degré depuis le 6 mai.

Les cours du deuxième degré comprenaient la grammaire, l'arithmétique, la géographie.

La bibliothèque se composait de 382 volumes, provenant de dons divers ; 80 volumes mis en dépôt par la Société des bons livres, qui faisait les échanges au fur et à mesure des besoins ; 3 atlas et divers instruments destinés aux cours de géométrie et de dessin linéaire, en voie d'organisation.

La bibliothèque était ouverte tous les jours, sans exception, de 9 à 10 heures le matin, et de 2 à 3 heures dans l'après-midi.

Des lectures en commun étaient faites de temps à autre par le directeur ou par le moniteur général, qui, comme le premier, était choisi dans la garnison. Ces lectures roulaient sur l'histoire, la morale, etc.

Les détenus y étaient très-attentifs.

Les instructions religieuses se faisaient dans une chapelle entretenue, dans l'intérieur de la prison, par une personne de la ville.

En résumé, les résultats ont été excellents à tous les points de vue ; ils ont dépassé d'une façon très-notable tous ceux qu'on n'obtient qu'avec d'innombrables difficultés dans les régiments, malgré le zèle, les efforts et le désintéressement de ceux qui se vouent à cette œuvre si souvent ingrate.

Sans doute il en coûte infiniment pour instruire des centaines de mille hommes. Nous croyons cependant qu'on ne saurait hésiter à faire pour ceux qui accomplissent honorablement les devoirs que la patrie leur impose ce qu'on a fait si facilement pour d'autres moins scrupuleux. D'ailleurs, avec le principe de l'instruction obligatoire, le nombre des illettrés diminuant, on n'aura plus à s'occuper dans les régiments que des hommes dont l'intelligence demande à être cultivée.

En conséquence, l'instruction se divise ainsi : 1° instruction primaire, obligatoire, comprenant la lecture courante, l'écriture, l'orthographe et les quatre règles fondamentales, *rien de plus*; 2° l'instruction secondaire, facultative, comprenant tout ce qu'on pourra enseigner, applicable à des hommes possédant l'instruction primaire complète, et dont l'intelligence reconnue permettra qu'on s'en occupe avec fruit.

Il faut alors 1° faire marcher l'enseignement de front avec l'instruction militaire; 2° mieux entendre aujourd'hui que par le passé la répartition du service journalier, de façon à ce que chaque partie de l'instruction ait son temps utilement appliqué; 3° supprimer ou réduire à leur plus simple expression les postes de police intérieurs ou extérieurs, afin de ne distraire les hommes de leur instruction que le moins possible, car il ne faut pas oublier qu'il faut au moins vingt leçons par mois pour qu'elles soient profitables.

Les bibliothèques, les bons livres, les lectures en commun ou individuelles, compléteront un système qui, jusqu'à ce jour, a été plus onéreux pour l'État que fructueux pour les hommes qui en étaient l'objet.

LECOMTE. — Études d'histoire militaire, antiquité et moyen âge. 1 vol. in-8° . . . . 5 fr.

LECOMTE. — Études d'histoire militaire, temps modernes jusqu'à la fin du règne de Louis XIV. 1 vol. in-8°. . . . . . 5 fr.

LECOMTE. — Guerre de la Prusse et de l'Italie contre l'Autriche et la Confédération germanique en 1866; relation historique et critique. 2 vol. grand in-8° avec cartes et plans. . 20 fr.

LECOMTE. — Guerre de la sécession; Esquisse des événements militaires et politiques des États-Unis, de 1861 à 1865. 3 vol. grand in-8° avec cartes. . . . . 15 fr.

LECOMTE. — Le général Jomini, sa vie et ses écrits. Esquisse biographique et stratégique. 1 vol. in-8° avec carte. 7 fr. 50

LIBIOULLE. — Le revolver Galand, nouveau système à percussion centrale et extracteur automatique. Br. in-8° avec fig. 1 fr.

LULLIER. — La vérité sur la campagne de Bohême en 1866, ou les quatre grandes fautes militaires des Prussiens. Br. in-8°. 1 fr.

MANGEOT. — Traité du fusil de chasse et des armes de précision, nouvelle édition. 1 vol. in-8° avec figures dans le texte. et planches . . . . 5 fr.

MARNIER. — Souvenirs de guerre en temps de paix : 1793, 1806, 1823, 1862, récits historiques et anecdotiques extraits de ses Mémoires inédits. 1 vol. in-8°. . . . . 3 fr.

MOSCHELL. — De l'effet du tir à la guerre et de ses causes perturbatrices. Br. in-8°. . . . . 1 fr.

ODIARDI. — Des nouvelles armes à feu portatives adoptées ou à l'étude dans l'armée italienne. Br. in-8° avec planche. . 2 fr.

ODIARDI. — Des balles explosibles et incendiaires. Br. in-8° avec planche . . . . 2 fr.

PIRON. — Manuel théorique du mineur; nouvelle théorie des mines, précédée d'un exposé critique de la méthode en usage pour calculer la charge et les effets des fourneaux, et d'une étude sur la poudre de guerre. 1 vol. grand in-8° avec pl. 12 fr.

PIRON. — Essai sur la défense des eaux et sur la construction des barrages. 1 vol. grand in-8° avec planches. . . . 6 fr.

PLOENNIES (DE). — Le fusil à aiguille, notes et observations critiques sur l'arme à feu se chargeant par la culasse, traduit de l'allemand par E. Heydt. Br. in-8° avec planche. . . . 3 fr.

QUESTIONS de stratégie et d'organisation militaire relative aux événements de la guerre de Bohême, par un officier général (Jomini). Br. in-8° . . . . 1 fr.

PUBLICATIONS DE LA RÉUNION DES OFFICIERS

EN VENTE A LA MÊME LIBRAIRIE

Les canons géants du moyen âge et des temps modernes, par R. Wille, lieutenant de l'artillerie prussienne. Traduit de l'allemand par MM. Golard et Bouché, lieutenants d'artillerie. 1 vol. in-8°. . . . . 3 fr.

Les mitrailleuses et leur emploi pendant la guerre de 1870-1871, par Hermann comte Thürheim, capitaine bavarois. Traduit de l'allemand par E. J. Broch. in-8°. 1 fr. 25

Mémoire sur la permanence de l'armement de défense et sur l'emploi des cuirasses métalliques dans les fortifications d'Anvers, Plymouth et Portsmouth, par le baron Berge, lieutenant-colonel d'artillerie. 1 vol. in 8° avec planches. . . . 3 fr.

Règlement du 3 août 1870 sur les exercices de l'infanterie de l'armée royale de Prusse. Traduit de l'allemand par J. Monlezun, lieutenant au 120° régiment d'infanterie. 1 volume in-12 avec figures et planches de musique donnant toutes les sonneries et batteries. . . . . 4 fr.

Manuel du sapeur d'infanterie, instruction publiée par le ministère de la guerre italien. Traduit par MM. Percin, Grillon et de Lort Sérignan. 1 vol. in-18 avec 100 planches. 1 fr.

Manuel du soldat. I. Service intérieur. II. Instruction sur le démontage, le remontage et l'entretien de l'arme. III. Notions sur le tir du fusil d'infanterie. IV. Transport des troupes d'infanterie en chemin de fer. V. Notions d'hygiène. VI. Service des places. VII. Service en campagne. 1 vol. in-18 cart. 50 c.

Paris. — Imp. A. Dutemple, 64, rue Bonaparte.